U0004649

THE BOOK OF
THINK

思考練習題

美國名校都在用的動腦題庫，
突破我們的想像同溫層

瑪瑞琳・伯恩斯——著
Marilyn Burns

瑪莎・威斯頓——繪
Martha Weston

葉懿慧 譯

本書獻給
所有為問題而苦惱的人

看似天馬行空的提問，卻不斷衝擊你去打破框架與限制，享受書裡出現的問題，讀完之後，除了大汗淋漓，更多了一番此後對人生思考與面對問題的新體會，值得一讀！

——金鼎獎童話作家 王文華

《思考練習題》有幾個有趣之處，一是大量設計各種圖文遊戲，讓讀者在遊戲中仔細觀察、認真思考。二是有幾個體驗的活動設計，開發寫作者的覺知能力和大腦的優先感官體驗，從而強化讀者的覺察和表達能力。三是，最後一項練習和忠告，竟然是把問題留在睡前，一覺醒來，很可能答案就會浮現。

第三種這樣的說法，最早我是聽一位尊敬的前輩及貴人說過，而且我自己親身實驗多次，獲益良多，以為是不傳之祕，沒想到此書作者也知道此祕訣。

既然如此，我再稍作補充，從腦神經科學角度來談此舉，其實就是從「專注思維」轉為「發散思維」，困難而不得解的難題，往往透過思維方式的轉換，竟也就迎刃而解了。

——作家・學思達創始人 張輝誠

思考就像水泥一樣，時常攪拌，才不會固化。自己攪和很困難，你需要外力協助。

本書深入淺出的提問與案例，就像一台初學者適用的攪拌器，透過一次次思考演習，幫你攪拌大腦，暢通思路！

思路一通，創意就像絡繹不絕的商隊，從大腦湧出，組合成能解決生活問題的好工具！

——生鮮時書創辦人 劉俊佑（鮪魚）

目　　錄
CONTENTS

只要絞盡腦汁就有用嗎？

遇到下面這些情況時，你會怎麼做？比如去看電影的路上掉了錢？去朋友家作客，你的餐點不只詭異還有怪味？或是發現至交好友在你舅舅的店裡偷東西？搭錯了公車或地鐵，結果到了某個陌生的地方？

我們在生活中一定會遇到種種麻煩問題，這跟每天都得刷牙一樣無可避免。儘管如此，幸好我們擁有解決問題所需的工具——大腦，而且還有許多過往的動腦經驗可以輔助。

不過話說回來，也不是只要動動腦就好，該怎麼去動腦筋思考也很重要。有時候遇到問題時，好像只要拚命思考就能想出解決辦法，但也不見得總是行得通。要是思考的方式不對，反而很容易卡住。

有時常聽到人們這麼說：「沒辦法啦。我不知道怎麼辦才好。算了，我放棄。」這樣絕對不可取。因為看待問題的角度永遠不止一種。而這正是本書想要告訴大家的：學習以新方式來看待問題並進行思考。

因為，條條大路皆可通思路啊。

Part 1
突破個人思考侷限

有時候，阻撓大腦思路的往往就是我們自己。
我們在自己的頭腦裡築起了壁壘，時不時就碰壁，
導致思緒卡住碰到瓶頸。

而這也是我們每個人都會碰到的問題。

本書將帶領各位了解，人為什麼會被自己的想法所困，
並舉例做說明，好讓你能想想如何避免這種情形發生。
此外，書裡還準備了許多練習題，
可以讓大腦做做熱身運動，更有效地進行思考。

那麼接下來，我們就來試試這些熱身練習吧。
你會很訝異地發現，一旦擺脫了自我侷限，
竟然有那麼多的新方法可以解決問題。

從你最熟悉的自己著手

我們最先遇到的思想壁壘，就是對近在眼前的事物視若無睹。

先不要看喔，請問你現在穿的襪子是什麼顏色？好了，現在可以去確認答案了。

雙臂交抱胸前時（現在還不要做），一隻手會在上方，另一隻手則在下方。你知道自己是哪隻手在上、哪隻手在下嗎？先猜猜看，然後再實際做做看。

早上穿衣服時，你會先穿哪一腳的襪子？明天早上確認看看吧。

雙手交握時又是怎樣呢？哪一隻手的大拇指會在上方？

你是右撇子還是左撇子？這答案你當然再清楚不過了。但是在兩手交握前，你是否有意識到自己是右手拇指或左手拇指在上呢？當你想要交握雙手時，根本連想都不用想，下一秒已不自覺地做出這個動作了。除非有必要去確認自己到底是怎麼做的，你才會特別留意觀察。確認完畢就不以為意了。那麼現在，請你試著用別種方式交握雙手，感覺如何呢？

透過空心紙捲筒往外看時，你用的是哪隻眼睛？

說起來，我們對自己的許多事都太習以為常，變得渾然不覺了。

這種習性萬萬不可！

如果想要成為問題解決高手，首先就要避免陷入自以為是的困境。

不妨想一想，你對自己還有哪些沒多加注意關心的地方？

仔細觀察平常所見的一切

最近你的腦子有常忽略什麼嗎？

我們來想想電話的撥號盤吧（現在還不要去看）。回想一下每個英文字母的所在位置。盤面上有十二個按鍵，而英文字母有二十六個。那些按鍵你應該看過好多次了。那麼請問一下，哪些英文字母沒出現在鍵盤上？（恐怕長除法也無濟於事喔。）現在畫個按鍵的草圖，把數字填上去後，再實際查對看看吧。

其實人的腦袋空間有限，裝不下所有獲取的訊息。不妨把大腦想成一塊海綿，它能吸收的容量就那麼多，無法超載負荷。況且我們也沒必要去記住電話鍵盤上的數字和字母的位置，因為要使用時，它們都會在同樣位置上。

腦袋記住所有細節不見得就很厲害，反倒是學會觀察入微更重要。好好培養留神注意的功力，會有助於你看清長久以來所忽略的事物。

我們來做做下面的是非題，看看你能答對幾題。

自由女神像是用右手高舉火炬。

留聲機播放唱片是以順時針方向轉動。

你的臥室房門是往裡面開。

男性襯衫的鈕釦孔是直的。

本書的第五十二頁是右頁。

撲克牌黑桃 J 上面的人像只有一隻眼睛。

斑馬腿上的條紋是橫向的。

本書的插畫家是女性。

鉛筆大多是八面體。

哪些題目你有把握一定答對？哪些是用猜的？過個幾天或一星期後，再做一次這個測驗，看看你腦袋裡還記得哪些知識訊息。

想像一下你正在自家廚房裡。平常桌上都放了些什麼？水槽旁邊的流理臺上有什麼東西？盡你所能地想出來。然後再去廚房確認你的心智之眼記住了多少東西。

另外這些事情請明天上學後去確認一下。想想你班上的同學們，誰是左撇子？寫好名字後，再去確認對不對。

那麼戴眼鏡的又有誰呢？先寫出班上的同學，然後再想想學校的大人們：校長、學校祕書、圖書館員和老師們。你能舉出十個戴眼鏡的人嗎？那二十個呢？之後再去學校做確認吧。

仔細觀察日常事物，就像初次見到那樣多加留意。你將會有許多前所未見的新發現。

關於目光狹隘這件事

你應該沒有視野狹窄的毛病吧。不妨做個簡單測試就能知道了。

在自己面前豎起一隻手指，有點像要看穿手指般地向前直視。持續向前直視不要移開目光，但是慢慢將手指移向耳朵。移動的時候一邊晃動手指會更好。

即使你仍舊直視著前方，應該還是看得到自己的手指。那是因為你可以從眼角餘光看見。即使沒盯著看，仍然看得到物體的那個範圍就叫「周邊視野」。（就算講不出這個詞，你還是擁有這個能力。）

以前城市裡用來拉馬車的馬，都會戴著馬用眼罩，眼罩就像某種屏障，可以遮蔽周邊視野。這樣拉車的馬匹才不會受驚嚇或分心而惹出麻煩。試試把雙手當成眼罩遮住眼睛，你就會發現自己的周邊視野被阻斷了。

現在回來談談大腦。千萬要提防注意心智上的盲罩，它們往往會形成阻礙，讓人無法從大腦的周邊視角去觀察事物、解決問題。

下面這個老問題就是個好例子。

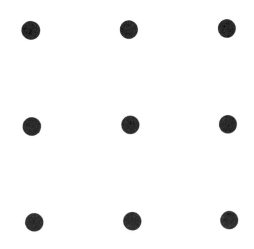

在一張紙上畫出如上圖的九個圓點。好好想想要如何一筆畫出四條直線，才能通過這九個點。

（提示：請跳脫框架去思考。）

要解決這個九點問題，就不能被心智盲罩侷限在九個點所構成的方框框內。必須讓思考跨越邊陲角落。就像下面這樣：

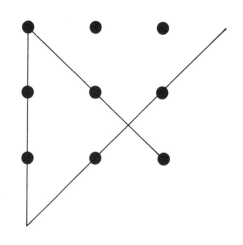

哥倫布立蛋的故事

克里斯多福·哥倫布可就沒有心智盲罩這樣的問題。哥倫布從新大陸發現之旅返回西班牙後，皇室為他舉辦了一場慶功宴。其中某些未參與旅程的宮廷成員似乎頗不以為然。

「得了吧，」他們說：「只要往那個方向一直航行下去，不管是誰都會碰上新大陸。那有什麼大不了的。」

而哥倫布立刻提出一個問題作為回應。他從桌上餐盤拿出一顆帶殼的水煮蛋，問道：「有沒有人能夠把這顆蛋直立起來？」

那些挑釁鬧場者試了又試，沒人成功。於是他們說：「這不能相提並論。根本不可能辦得到。」

不過哥倫布卻說：「請看好了。」然後把蛋的尖頭部分往桌上一敲，蛋就穩穩地立在桌上了。

這個故事的寓意是，一旦問題解決了，解決辦法似乎顯而易見。有時候在尋找解答時，不要只直視前方固定思考。也別忘了你的周邊視野。（現在你會說這個詞了嗎？）

強化感官能力

大腦訓練的重點之一，就是要充分運用所有的知覺，雖然大部分人都沒能做到。這又是另一個沒善用自身能力的例子。要能夠解決問題，就得用上自己手邊的一切助力。

試著想像以下列舉的事物，並在每一項自行做評比：從「簡單」「困難」到「完全做不到」擇一。

想像一下花生的滋味。
想像一下汽油的氣味。
想像一下汽車發動的聲音。
想像一下盪鞦韆時盪高高的感覺。
想像一下香蕉的滋味。
想像一下牙膏的氣味。
想像一下書本掉落地面的聲音。
想像一下一口咬下蘋果的感覺。

這究竟有什麼重要的呢？別忘了有人發明了披薩、有人初次想出汽水飲料的點子，還有睡衣並非一直都用柔軟布料製成。不管是誰發明了這些玩意兒，他們絕對不光只是眼睜睜看著而已。

誰知道幾時會出現嚴重的肉類短缺？到時可能會需要替漢堡肉創造完美的替代品，還得要色香味俱全富嚼勁呢。

繼續來做複雜一點的「想像」練習吧。

想像一下，從巧克力冰淇淋的滋味轉換成一瓣橘子的滋味。

想像一下，從單腳跳的感覺轉換成蹦蹦跳跳的感覺。

想像一下，從烤吐司的氣味轉換成花生醬的氣味。

想像一下，從朋友的大笑聲轉換成球棒擊球的聲音。

若是需要特別專注於某些事情上，我們有時候會閉上眼睛或是發呆放空。因為如果不這麼做，大腦會同時接收太多訊息，也就是所謂的「感覺超載」。減少視覺所見，才能讓大腦有更多空間可用。

你有聽過自家老媽大喊：「把收音機關掉！」嗎？你可曾想過有些時候她是真的受不了？因為她的感覺很可能已經超載了。

每個人在思考時的感覺需求都有所不同。因此先去探索找出自己的需求就很重要了。你需要的是全然的安靜嗎？還是晴朗的好天氣？或是得穿上保暖的襪子？

有些人確實需要在有趣的特定狀態下才能集中精神，例如：

薩繆爾·約翰生博士①需要一隻發出呼嚕聲的貓、橙皮和茶。
莫札特的方法是做體操。
伊曼紐·康德②有時候喜歡全身裹著毯子坐在床上，用這種獨特方式工作。
哈特·克萊恩③要用留聲機大聲播放爵士音樂才行。
約翰·席勒④得在他的書桌上擺滿爛蘋果才行。

---

① Samuel Johnson（1709—1784）為英國文學史上重要的文評家、詩人、散文家和傳記家，他所編纂的《辭典》對英語發展有重大貢獻。
② Immanuel Kant（1724—1804）為啓蒙時代著名的德國哲學家，其學說深深影響近代西方哲學，並開啓了德國唯心主義和康德義務主義等諸多流派。
③ Hart Crane（1899—1932），二十世紀美國詩人。
④ Johann Schiller（1759—1805）為德國十八世紀著名詩人、哲學家、歷史學家和劇作家，德國啓蒙文學的代表人物之一。

接著讓我們從想像移到真實事物上。人的五感知覺都是有所連結的，以下的練習會讓你更清楚了解到這點。每個練習題只會用到一種知覺。

這些練習需要跟朋友一起做，才能夠互相幫忙磨練感官能力。畢竟這世上的問題處理高手永遠不嫌多啊。

練習①：嚐嚐看

請準備一口大小的食物，共通點為口感爽脆。比如蘋果、胡蘿蔔、洋蔥、生馬鈴薯、蕪菁之類的。你們其中一人要閉上眼睛，捏住鼻子，另一個人則負責把一塊食物放到他的嘴巴裡，再讓他猜猜看那是什麼。像這樣多嘗試幾種不同食物後，再互換角色，讓彼此都能探索自己的味覺。

也用綿密滑順的食物試試看，比如冰淇淋、花生醬、布丁、酸奶油、吃剩的馬鈴薯泥等等。

接著換成喝的試試看。牛奶、柳橙汁、水之類的都可以。然後再去試嚼不同口味的口香糖。

你的味覺是不是很容易連結到視覺或嗅覺？只靠味覺，你能察覺各種食物的不同點嗎？

練習②：猜猜看？

這個練習的重點在於聽覺。你們其中一人閉上眼睛，另一個人用房間裡隨手可得的東西弄出一些聲響。點子包括用鉛筆敲打桌面或地板、亂翻書頁，或是打開瓶蓋。然後再兩人互換角色。盡量想辦法難倒對方。

你的聽覺有變敏銳了嗎？哪些聲音是你們都猜不到的？

練習③：核桃遊戲

多一、兩個朋友加入，這個練習會變得比較難。首先準備一些帶殼的完整核桃，數量要比總人數多一個。另外請準備一個裝這些核桃的小紙袋，每個人從中抽出一個核桃。把剩的那一個留在袋子裡，作為共同核桃。

遊戲規則如下：不用眼睛看，只能用雙手觸摸自己的核桃。仔細地摸索，直到你覺得就算把它放回紙袋跟其他核桃混在一起，你還是挑得出來為止。

等到每個人都充分「摸熟」了自己的核桃後，就把它們放進紙袋裡。不過在這之前，要先把共同核桃拿出來，傳給每個人好好熟悉一下，等到有把握分辨後才放回紙袋裡。

現在，每個人都來找出自己那顆核桃吧，也確認一下哪一個是共同核桃。然後傳下去讓大家確認。這時可以用看的了，這樣有幫助嗎？

四處走走看看

對於日常事物的觀察還有更多練習，這次換去外面走走。但出門之前你要先想好，哪些地方輕鬆好逛。

下面這三個練習題，全都著重在讓你對日常所見的事物另眼相看。請全部看完後選出一題，再出門去做你的初次實地勘查。

練習①：觀察日常所見的事物

以下的問題都跟你走在路上或騎自行車時，可能看到的事物有關。請先試著作答，之後再去外面盡可能地查對。

交通號誌燈最上面的燈是什麼顏色？

停車標誌牌是六角形還是八角形？

十字路口的每個街角都有街道路標嗎？

如果不是的話，那通常有多少個？

你家那條街的門牌號碼是以二位數、四位數或其他方式編號？

你家附近有公共電話嗎？

公共電話的投幣孔位在哪一邊？

你住的街區裡有電線桿嗎？有幾根？

練習②：配色之路

想像一下你走過無數次的某條路，比如去學校、去朋友家或是去商店的路。

現在請選定一個顏色。把你平常在這些路上沿途所見，顏色跟選定色相同的事物列出來。然後再去實地查對。

練習③：親切的街區

這個練習最好跟朋友一起做。想想你們兩人經常走過而且都很熟悉的街區。各自列出那個街區裡所有的商店和建築物，並且把樹木、電線桿以及你們所能想到的其他東西都寫下來。接著交換彼此所寫的清單。實際走一趟去查對。

你們所列出的內容都一樣嗎？

個中訣竅就是——不要對外面存在的事物視若無睹。好了，你現
在可以踏出家門了。（對了，你家大門是往內還是往外開的？）

眼前看到了什麼？

我們需要練習讓腦袋更靈活，用其他角度去看待事物才行。

就像這個圖，其中隱藏了什麼訊息呢？

你馬上就看出來了嗎？湊近一點或拿遠一點看會有幫助嗎？找其他人來試試看，就能知道人們一般會最先看到什麼。

有時候問題並非出在用新觀點看待事物，而是你只看到自己想看的。這樣就糟了。因此，仔細觀察非常重要。

請想想以下的問題：
有時候腦袋跑得比眼睛快。
你是否覺得這句俗諺有古怪之處？
你常常犯同樣的錯誤嗎？

有時候我們會因為訊息不足，而無法確信自己的想法。儘管如此，也千萬不要就此困住，要盡可能從多種角度加以審視。

下面是某張圖的局部畫面，完整全圖在下一頁。在你翻頁查看前，先試著想出那是什麼吧。不要只停在第一眼的想法上，盡量動腦筋思考，除非完全想不出來或實在忍不住了，才去翻頁。

等你自己做過了，再叫別人試試看。他們猜想的東西跟你不一樣嗎？不妨問問他們自認看到了什麼。

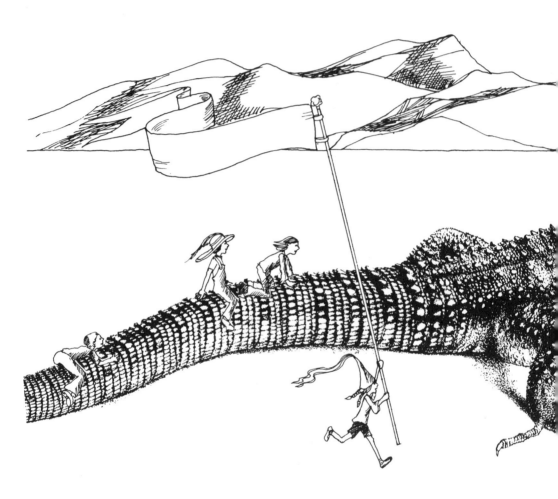

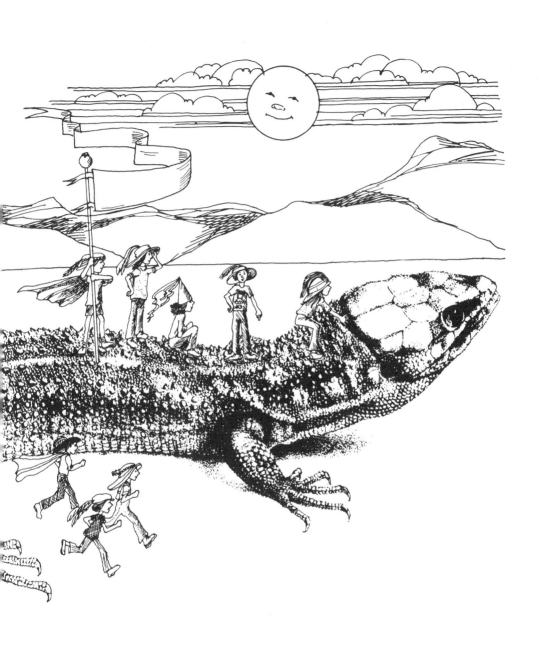

狂想連結

解決問題這檔事可不是開玩笑的。

不能胡亂來。要切入正題。不可以打混。不能偷懶。要認真思考。

以上這幾點或許都很重要。但如果你以為思考就要一本正經，那可就遺漏了關鍵重點。有時候讓大腦放鬆地玩一玩也很不錯，就算有點蠢也無妨。

好笑話跟好謎語通常都很有趣，而且顯然出自某些有聰明想法的人。你覺得那些人都是正襟危坐，想出一百個聰明笑話跟謎語的嗎？

笑話跟謎語的笑點和妙哏通常都出人意表，所以我們才會被逗樂大笑。因為它們會把我們意想不到的事物串聯起來。

笑話之一

有個男人坐在公園長椅上，他的耳朵插著一根香蕉。一個女孩蹦蹦跳跳地經過，停了下來。「不好意思，」她說：「你耳朵裡有一根香蕉。」「什麼？」那個男人回道。「我說，你耳朵裡有一根香蕉。」女孩又跟他說了一遍。「妳說什麼？」女孩終於受不了，氣呼呼地說：「先生，你耳朵裡插了一根香蕉。」「對不起，」男人回答，「我聽不到妳在說什麼。因為我耳朵裡有根香蕉啊。」

笑話之二

有個學生在學校的自助餐廳吃午餐，他把自己的咖啡冰淇淋甜點堆在頭上。融化的冰淇淋從他的髮間滴了下來。值班老師發現了，跑過來問他：「這是怎麼回事？你幹嘛把咖啡冰淇淋堆在頭上？」只見男孩回說：「咦，那是咖啡嗎？我還以為是巧克力。」

這兩個例子的共同點，就是後續發展都出人意料。下面這個練習叫做「聯想連連看」，有助於你將看似無關聯的事物做連結。

下方這組詞彙看起來好像沒什麼關聯。請試著想出它們共通的關聯性，並且多想幾種來串聯它們。

鉛筆	蘋果	足球
花	電燈	檸檬
籃子	釘書機	黏土
樹	電話	時鐘

不妨找朋友或是在晚餐時這樣做做看，然後再比較你們各自所做的連結。這個練習並沒有所謂的正確答案。不過你要是碰到了難題，這類思考就能派上用場了。任何一種關聯都可能成為重要的解答線索。而且搞不好會從那一堆聯想裡，突然冒出有趣的謎語呢。

人的大腦有左右之分。你可以想成自己擁有兩種心智。左腦掌管邏輯、理性之類的思考，例如按步驟解數學題目，同時也負責語言和聽覺的功能。而右腦則統管不同類型的思維，亦即較不理性的部分，比如情緒、體驗、創造、鑑賞藝術與音樂等。要是武斷地說哪種思考方式比較好，那就又落入自以為是的陷阱了。左右腦同等重要，它們各自發揮功用讓人做出不同的連結。若是特別偏重某一邊的心智能力，我們就無法成為解決問題的高手。

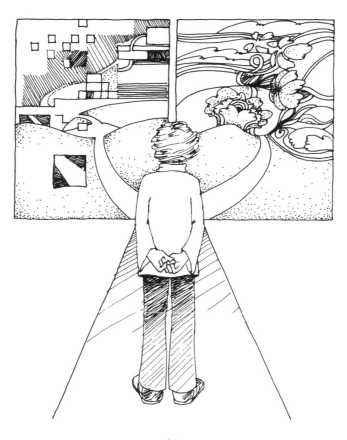

你真的了解自己所認識的人嗎？

有些時候最好不要自己孤軍奮戰單挑難題。此時就是朋友派上用場的時候了。不過要開口求助一向不容易，還有要弄清楚找誰幫忙也是不簡單。

你有想過哪些朋友能幫自己解決問題嗎？你會拿同樣的問題去找所有的朋友商量嗎？

有些朋友總是附和贊同你所說的每件事。他們可能太喜歡你了，希望你可以感覺良好。甚至會告訴你別擔心，問題很快就會迎刃而解。但那樣真的有幫上忙嗎？

有些人總是自有妙計，會立刻告訴你他們的做法，還會說：「你看，很簡單吧。」而他們的妙計或許合用，也可能行不通。但他們有幫到你去自行思考嗎？

有些人則喜歡大笑。雖然很棒，但也有例外的時候，比如塞了滿嘴馬鈴薯泥，或是你帶著問題去找他們的時候，這裡說的可是如假包換的難題喔。

還有些人很愛說話。你只是問個問題，他們就話匣子一開，滔滔不絕。搞到你都快忘了原本的問題是什麼了。當下似乎還好……但隔天早上就……

想要求助於人解決問題時，請先想想自己需要的是哪種協助。接著再想想你所認識的人裡面，誰有能力協助自己？而且是真正幫得上忙的那種。

想要一探究竟嗎？不妨試試下面這個練習。

請準備一個點子。可能是新的或是想了好一陣子的點子或發明。一個你覺得好玩、可能會跟西洋棋一樣受歡迎的新桌遊。或是你很滿意的自創故事或詩作。或是在自己房間蓋閣樓的絕妙點子，只要你能說服自己父母同意就好。

在不同的時間把你的點子告訴不同的朋友。要正經八百地說。甚至可以告訴你覺得算不上是朋友的人。（你可能會因此而對那人改觀。）

然後留神注意他們的反應。他們表現得委婉客套嗎？樂意傾聽嗎？有興趣幫忙嗎？

現在，你或許能從他們的反應得知關於自己點子的端倪。如果你提議研發做鋪毛咖啡杯來加強保溫，你的朋友可能會哈哈大笑，或是用「你在搞笑吧」的眼神看你。不過這或許也不為過啦。

你也可以找同一個人問問你自認的好點子，然後換爛點子試試。

試點子正是為了更加了解你所認識的人。

字典遊戲

還有別種方法可以觀察你所認識的人。這個遊戲能讓你更加了解別人的想法。

最少要有四名玩家參與。另外還需要準備幾張紙（小張便條紙即可）、每個玩家各一枝鉛筆，以及一本字典。

遊戲規則如下：一個人翻字典挑出其他人都不知道的單字。有很多單字任你挑選。

然後每個人自行猜想那個單字可能是什麼意思，並且寫下來。翻字典的人則負責寫下真正的字義。即使字典裡有好幾個字義，選一個來寫就夠了。如果那個字義的說明很長，就把它簡化縮短。

把寫好字義的紙都交到翻字典的人手上，由他一一唸出來，包括正確的字義。然後讓每個玩家試著猜出哪一個才是真正的字義。

假設那個單字是「城廓」，以下哪個字義是正確的呢？

一種南斯拉夫的弦樂器。
中世紀城堡的庭院。
十九世紀盛行於英格蘭的一種舞蹈。
一種會侵害熱帶植物的昆蟲。

請從中選出一個後，翻閱字典查對。

計分方式如下：猜對正確字義的人得一分。還有自己的字義被別人選中的話，也可以得到一分。

可以每次輪換翻字典的人，或是玩三次之後再換人。總之，這就由參與遊戲的玩家們一起決定吧。

你應該從中找出以下幾種人：誰很會猜答案？誰寫的字義常被選中？誰老是隨便亂寫？

現在你對大家有了哪些新認識？又能如何活用這些新知呢？

看待事物的方法不止一種

看事物很簡單，看到什麼就是什麼，如此而已。

但是要小心！

這反而阻礙了你不再探索其他可能性，再次被自以為是絆住了。

照鏡子時，會呈現出左右相反的映像。你可曾好奇想知道，為什麼沒有上下一起顛倒？你可曾覺得奇怪，自己竟然從沒懷疑過這件事？

視錯覺會愚弄我們的大腦，卻又發出：「喂，再多看一眼吧。事情不只如此喔。」的訊息

這時你才會定睛細看到底是怎麼回事。

有一些視錯覺看起來幾可亂真，但其實不然。不管你再怎麼推敲，實際上都不是那樣。

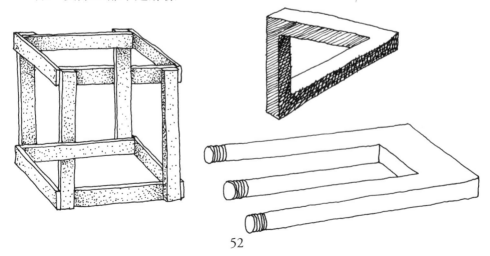

有些事物看起來的樣子，其實跟真貌完全不同。你可以自行驗證一下。

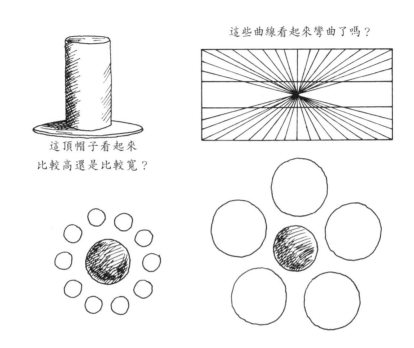

這些曲線看起來彎曲了嗎？

這頂帽子看起來
比較高還是比較寬？

哪個塗黑的圓圈看起來比較大？真是這樣嗎？

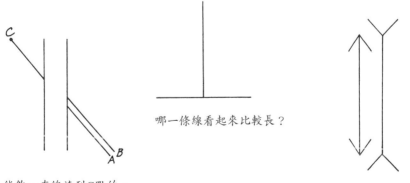

能夠一直線連到C點的，
是線條A還是B？

哪一條線看起來比較長？

哪條垂直線看起來比較長？

有些視錯覺可以用兩種角度來看。先大概看一下這些圖，接著再轉換不同視角加以觀看。

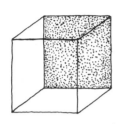

陰影面是在內側還是外側？

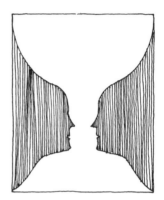

你最先看到的是人的側影
還是高腳杯？

你最先看到的是兔子
還是鴨子？

你能從圖中找到老婦人跟年輕女性嗎？

下一步則是：即使沒做視錯覺練習，也用這種方式來動動腦。練習方法之一，是刻意用好幾種觀點去思考同一件事。

舉例如下：在腦中想像一個裝了半杯水的玻璃杯。杯子是半滿還是半空？

好了，現在來練練下面這些題目吧。

是房屋牆壁支撐著屋頂？還是因為有屋頂，屋牆才不至於往內或往外坍塌？

圖中女孩正在抱起箱子還是放下？

圖中男孩是在往上跳起還是向下著地？

圖中女孩正走向大樹還是遠離屋子？

思考出差錯

你是否曾經說錯話呢？搞不好有喔。那意味著你脫口說出了後悔莫及的話。但是要說對話並不容易，更何況話既說出口，就覆水難收了。

通常這都是不假思索就先嘴快所造成的。而思考出錯也是類似的狀況，這是另一個得小心提防的心智陷阱。此外，太快下決斷也脫不了關係。主要是因為你還沒真正審視過所有可能性，就做出了決定，如此一來又作繭自縛了。

請試試下面這個問題：

牙醫問題

有個男孩去找牙醫補蛀牙。他是牙醫的兒子，但牙醫不是他的父親。怎麼會這樣呢？

其中並無耍詐。男孩確實是牙醫的兒子，而牙醫也確實是他的父母。只是那個牙醫是他的母親。

那麼，弔詭之處在哪裡？由於男性牙醫普遍比女性多，因此一想到牙醫，自然就認為是男性了。

這個例子印證了先入為主的想法。你帶著腦中既存的某些訊息去接觸問題。若是無法解決問題，或許正是那些訊息阻礙了你的思考。

再來試一次吧。這次可不要再想錯了。

醫生問題

莎莉在家附近騎腳踏車時，被卡車撞上了。她父親人在現場，立刻把莎莉送去醫院急診處。莎莉被推進了手術房。「噢，不！」外科醫生大喊。「我沒辦法替這孩子開刀。她是我女兒啊！」請問發生了什麼事？

其實這個故事有相同的脈絡，差別只在於訊息不同而已。一旦知道了答案，你就會發現真是明顯可見啊。

不妨好好想一想，自己先入為主的看法從何而來？越是明瞭自己存有哪些成見，就越能夠避開陷阱。

現在來做個「想像」測驗：假設你搬家了。星期五去了新學校註冊，星期一要開始上學。你手上已經先拿到了新同學的照片，但還沒見過他們任何一個人。

請特別留意你的第一印象，接著回答下面的問題：

你會想跟照片中哪個人做朋友？
遇到作業很難時，誰會是合適的求助人選？
你覺得誰最擅長運動？
誰看起來跟你最像？
你的答案選對了嗎？

現在來看看，這個測驗透露出你自己哪些事？從上述照片問題的回答方式，你心裡大概已經有個底了。但其中仍然不免有一些刻板印象。

刻板印象來自先入為主的看法。我們會根據蛛絲馬跡來得出結論，並且習以為常地一再運用相同的線索。

有時候那還滿有用的。比如你去了超市，卻找不到爸爸交代要買的煙燻生蠔。這時候最好去詢問穿著工作制服的人。你從那身制服得到的線索就是，那個人可能是這裡的工作人員。

但有些時候刻板印象也會讓人思考碰壁。比如認定牙醫就是男的，或是照片中戴眼鏡的孩子不可能擅長運動。

觀察鞋子

這個練習可以讓你得知，自己是怎樣把人給定型的。選擇在公車上或是其他觀察人不會失禮的場所，就可以輕鬆完成。

你所要做的，就是先不看臉，只去看某人穿的鞋子。接下來，想像一下那個人的長相。是男是女？年輕或年老？穿著打扮如何？

然後再親眼確認你個人的猜測。

從頭到腳細細端詳。長相是否有透露出關於鞋子的端倪？

要是有人說：「喂，小鬼，你有什麼毛病啊？」你就深呼吸鎮靜一下，跟對方說明你正在探索自己的刻板印象和先入成見問題，正在學習如何打破思考障壁。

接著繼續觀察下去。

Part 2

遇到問題多加了解

你的疑難問題是怎麼來的？

這答案可不止一個。問題來源五花八門，
出現的時機也難以預料。

然而問題一旦發生，你當下立即心知肚明。
毋庸置疑，絕對碰上難題了。

疑難問題其來有自

光是認知到自己碰上了問題，往往還不夠。有時候必須看清問題根源才有用，這點並不容易做到，因為問題的起因百百種。

起因之一：你注意到好像有什麼不太對勁，不是平常該有的樣子。比如你最愛晚餐吃漢堡，可是你拿到的那個漢堡活像上桌前被人踩過了一樣。或是你在演算長除法習題，結果算出來的餘數竟然比除數還大。

起因之二：問題是別人帶來的。比如你弟弟在晚上九點的時候跟你說，他還沒有寫學校作業。但明天就要交了，他需要你幫忙。

起因之三：可能是你已經困擾了滿久的事情。你終於覺悟到它不會平白消失，自己最好想點辦法處理。比如你把某個遊戲用的棋子亂放找不到，但是用紙做的棋子替代又行不通，因為它老是會從盤面上被吹落。也可能是公車來了，但是你又沒帶足夠的零錢搭車了。

其他起因：你做了某件事，突然間卻置身問題當中了。比如你在放學回家途中停了下來，為了確認一個哭泣的小孩有沒有受傷。你把自己帶的書先放在一旁，但離開的時候卻忘了把書帶走。結果現在已經半夜了，而且外面還下著雨。

你還能想到別的起因嗎？或是想到自己初次發現到的其他問題的起因？

真正的問題為何？

好了，現在你知道問題確實發生了，自己也遇上了，但你真的知道那是個什麼樣的問題嗎？

舉難吃的漢堡做例子吧。問題是出在你絕對沒辦法下嚥嗎？還是烹調的人有問題？或是你需要找個新家人一起住？

再回來談談搭公車零錢不足的問題。問題是出在公車到站前，你要怎麼湊出足夠的零錢嗎？還是在缺零錢的情況下上了車該怎麼辦？或者可以改用怎樣的方式去上學？說不定你應該直接掉頭回家睡回籠覺。不過那樣能解決問題嗎？

假設你回到家，但家裡沒人在，你又找不到自己的鑰匙。這時候你的做法就端看你視何者為問題而定。關於這個狀況，可能會衍生出以下幾種問題：

你要如何不用鑰匙打開門？
你有其他辦法進家門嗎？
在等誰到家的這段期間，你能做些什麼？
你要怎樣再弄到一把鑰匙？因為你媽說過，要是弄丟鑰匙你就完蛋了。

你認為哪一個才是問題所在？還是另有其他難題？

要決斷真正的問題為何一向不容易，不過卻是很重要的第一步。
若是沒抓到問題核心去解決就沒有用，反而可能徒勞無功。

找出《鵝媽媽童謠集》的問題

這裡有些問題可以練習，但它們並沒有正確答案。每一題都有好幾種可能的答案，所以是很不錯的練習。

《鵝媽媽童謠集》裡的某些角色也都各有一些問題。請試著想想是誰碰到了什麼樣的問題。

還記得有個老婦人跟一群孩子住在鞋子裡嗎？她拿孩子們沒辦法，給了他們一些湯卻沒有給麵包，還把他們抽打一頓後趕上床去睡覺。

老婦人好像有什麼問題。可能是視野狹窄，或是被孩子們搞到感覺超載。孩子們本身也存在著問題。請問誰的問題最大？又是怎樣的問題呢？

那麼，喬治·波奇（Georgie Porgie）又如何呢？他老是親吻女孩惹她們哭。但其他男孩一過來，他就馬上開溜了。

女孩們固然有問題。但喬治·波奇肯定也不太對勁。問題出在哪兒呢？該怎麼辦才好？

彼得·派柏（Peter Piper）花了不少時間挑選要醃泡的辣椒。那麼，彼得·派柏挑中了什麼樣的辣椒呢？

彼得顯然有他自己的問題。但說不定你碰到的麻煩更大。你能夠

不吃螺絲地唸出這首童謠嗎？

重點在於：遇到有事情需要解決時，要仔細觀察。看清楚需要解決的事情到底是什麼，務必小心挑選你要著手處理的問題。

不過話說回來，鵝媽媽到底是誰啊？

Part 3

鍛鍊腦力

首先要做的，就是不要妨礙自己的思考。
接著是要多加了解你所碰到的問題。那麼下一步呢？

在這段章節裡，你將學到各種處理問題的方法，
也還會練習許多的問題範例和題目。

不要只是看過就算了，要確實地鍛鍊大腦。
試著自己找出問題的解法會覺得很暢快。
而稍微靠提示來解出問題，感覺也很不錯。
即使你執意想知道而去偷看答案也沒關係。

不過最重要的，
還是留意觀察自己的思考方式以及自己是怎麼卡關的。
一旦知道了解決方法，就想想下次能如何加以運用。

不要輕信先入為主的想法

這裡有個練習題：準備一百元紙鈔和五十元硬幣各一。現在，把硬幣放在紙鈔邊緣上保持平衡。不可以用道具做支撐。

你的第一反應很重要。試想一下那枚硬幣平穩立在紙鈔邊緣的模樣。你在腦海中看見了什麼？實際上真的有立成功嗎？如果沒用手去撐住的話呢？

如果不行，立刻拋掉那個想法！重新想辦法。不要被自己最初浮現的想法所困，要起而對抗僵化的腦袋。

聽好了，一定還有別的辦法。五十元硬幣不可能乖乖立在薄弱的紙鈔邊緣上。要不是對硬幣做了什麼手腳，就是對那個邊緣做了什麼。

（提示：只要對紙鈔邊緣下某個功夫，硬幣就真的能穩穩站在上面。）

要是你一整段看下來，都沒拿一百元紙鈔和五十元硬幣實際做做看，那就是你自己放棄了解決的機會。請動動手助自己的腦袋一臂之力吧。

以下是兩種可能的解決範例：

拋開先入為主的想法，能夠有效處理某些問題，防止你不小心落入兩個思考陷阱。一個是目光狹隘（還記得眼罩的事嗎？），另一個則是只以單一角度看待事物。

既然你手邊已經有一百元紙鈔和五十元硬幣了，那就來做更多練習吧。

準備兩個同等高度的玻璃杯或鐵罐，擺放時中間要隔一個拳頭的距離。然後把紙鈔放在它們之間，讓鈔票的左右兩邊都碰得到杯子（或鐵罐）。

問題如下：請把硬幣立在橫跨兩個杯子或鐵罐的紙鈔中間。

試試看。硬幣不能靠在任何一個杯子上，不能移動杯子縮短間距。好了，現在拋掉你剛剛所做的嘗試，重新換個方式來看。紙鈔的強度並不足以在橫跨的狀態下支撐住硬幣。你能怎麼做呢？

*解答請見P84

下面還有一些動腦練習。它們看似不同，但其實都有一個共通點：就是你的最初想法可能完全沒用。你得對這些題目的狀況另想辦法才行。把那些先入為主的想法逐出腦海，換個角度來思考。

用牙籤排三角形

用三根牙籤可以排出一個三邊等長的三角形，六根牙籤則可以排出兩個三角形。但其實只用五根牙籤就能排出兩個等邊三角形了。

那麼，問題來了：請用六根牙籤排出四個等邊三角形。

*解答請見P91

吹紙屑

你的手掌心裡有五個紙屑，得要一個一個地吹掉。請問你要如何做到？

*解答請見P94

面對面

請準備一張報紙。要如何讓兩個人面對面站在同一張報紙上面，卻不會碰到對方呢？不對，他們的手沒被綁住。還有，不可以撕開那張報紙。

*解答請見P98

乒乓球難題

洞裡有一顆乒乓球。洞的大小只比乒乓球稍微大一點點，深度比你或其他任何人的手臂都來得長。附近也沒有長棍子。你要怎麼做，才能把乒乓球弄出那個洞？

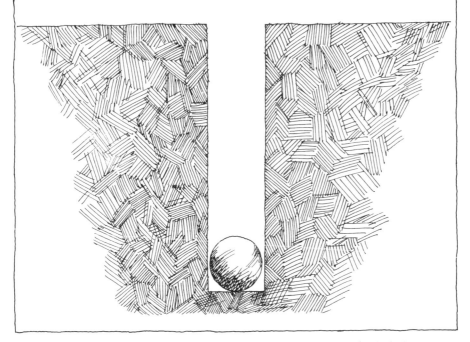

*解答請見P101

要多加練習忽略先入為主的想法。就算你所丟棄的點子可能很不錯，但它們畢竟成不了事。更何況，總會有別種視角可以切入思考，那才是關鍵。請試著用不同方式去一探究竟吧。

先列出清單再來審視

列清單是著手處理問題的另一種方法。通常列清單是為了提醒自己不忘事，比如採購清單、日常雜務或是回家作業等等必須完成的事項。

清單的另一個用處是，可以協助我們思考，讓我們得以用不同的觀點和更多樣的方式來看待事物。

以下有一些列清單的熱身練習。你可以單獨做這些題目或是跟朋友一起，互相比較清單還滿好玩的。（不要拿小得可憐的便條紙來寫，要給自己足夠的書寫空間。）

你所知道的事物

這些都是你得搜尋自己既存記憶的事物。概念在於多多益善。沒有時間限制，盡可能寫到想不出來為止。

列出所有你能想到的黃色食物。
列出所有你知道的雙人共玩遊戲。
列出所有你討厭的事物。
列出所有你能想到的冰淇淋口味。

列清單的時候需要注意幾件事：一開始要怎麼寫？好答的都寫完之後，接下來要怎麼辦？你如何判斷幾時應該停手？

有可能的事物

這裡要列出的清單就不是你已知的內容了，而是要運用自己所知，為這些事情想出各種辦法。這次每個清單都有兩分鐘的時間限制。

列出所有空鐵罐的可能用途。
列出所有可以讓滑板自行爬上坡的方法。
列出小孩子所能賺錢的方法。
列出你為了改善自己住處所能做的事情。

跟最初的熱身清單相比，這類型的清單感覺如何？有時間限制是否有差？哪種清單內容比較多？列哪種清單比較有趣？

這裡發生了什麼事？

請列出下圖中所有可能正在發生的事情。要小心留意先入為主的想法。同樣的，也拿書籍、雜誌和報紙上的照片來做做看。

我們繼續練習下去。這裡還有三個列清單的機會。列完之後，不妨實際去試試這些點子。

練習題①

要**翻轉**水杯但不讓水流出來的方法有幾種呢？以下提供幾個可能性，作為發想的起點：

讓水結凍。
把水杯放入裝滿水的水槽裡，然後在水面下把杯子**翻轉**過來。
拿著水杯伸直手臂，然後朝自己頭頂盪過來倒扣杯子。如果真要這麼做的話，拜託到外面去。

繼續列出可能的方法。

練習題②

在不碰杯子或桌子的情況下，有多少種方法可以倒光放在桌上的水杯呢？

練習題③

你會如何設計水不會灑出來的杯子？

關於「紙鈔、硬幣和兩只玻璃杯」的問題解答如下：把一百元紙鈔摺成像手風琴那樣的摺扇狀，就能支撐硬幣了。

在這些練習中列清單是一回事，實際運用於生活來解決問題又是另外一回事了。那可得多下點功夫才行。

先從列出你所有的問題開始。哪些問題是你好一陣子都沒想起的？哪些根本算不上是問題？

這其中是否有問題一再重複發生？比如老是跟同一個人起爭執？接著從中挑出一個，列出引發該問題的所有可能性。如果該問題還是持續發生，那就表示你應該有事情一直沒做對。

要牢記只用單一方式看事情的陷阱。試著先列出清單後，再去端詳究竟。

邏輯並非不二法門

要合乎邏輯。你應該聽過這個用於解決問題的法則。

運用邏輯時的做法如下:先選定一個方向埋頭苦思,接著按部就班走下去。你會檢視每個步驟是否都合乎邏輯,希望能迎來自己所追尋的結果。

最大的癥結在於:你該投入哪個方向?說起來總要有個念頭推自己一把。但如果推進的方向錯誤,邏輯就會把你帶往錯誤之境。更別說要是毫無方向可循,邏輯也發揮不了任何作用。

按邏輯來說,一條糖果棒可以無止境地吃下去。只要你不一次吃完,剩個半條收起來即可。下次吃的時候只咬一小口,留下原先的一半。每次都只吃前次剩下的一半。這樣子就永遠都吃不完了。

邏輯上是這樣子沒錯。

善用邏輯的話，你還可能變成有錢人呢。可能啦。

這個推理雖然合乎邏輯，但不知怎的卻不太合理。

學習如何解決問題，並不代表要更具邏輯性，而是要學著用不同方式去思考。不要老用直線方式去思考。

邏輯可以作為推演問題的絕佳方法。順利的話，成果驚人。但如果不順利，合乎邏輯就跟拚命苦思一樣毫無幫助。

反向思考

有時候你已經知道結果會是什麼了，但是如何抵達那個終點才是問題所在。

尋找解決之道的方法或許不止一個，有幸能找到一種就很不錯了。但是，如果能找到最佳方法就更棒了。

有時候反向思考是個好辦法，可以節省你的時間，讓問題變得更簡單。

就像這幅圖一樣。釣到這條魚的人是誰？

從釣竿那一頭追蹤，或許可以一步到位找出答案。但也可能要試上三次。從咬餌的魚這端循釣線找上去，更有機會快速找到解答。

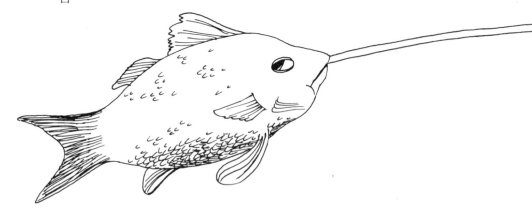

關於「用牙籤排三角形」的問題解答如下：
可以用黏土做成像上圖那樣。誰說牙籤一定
得擺在桌面上呢？

十枚五元硬幣問題

請用這題練習反向倒推法。需要準備十枚五元硬幣，把它們排成下圖所示：

你只能移動三枚硬幣，讓這個形狀的排列方向反過來。

有一個方法是：直接動手移動硬幣看看。只要能成功，這麼做也沒什麼不好。

不過還請反向來推想。你已經知道反方向的排列是什麼形狀了，那麼這兩種排列有什麼共同點？不同點又是什麼？

（提示：這張圖能讓你看出要移動哪三枚硬幣。）

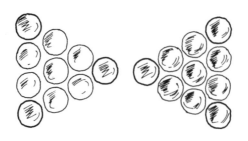

六個杯子問題

第二個練習。這次需要準備六個杯子，三個全空，另外三個都各裝一些水。將它們依圖示加以排列。

你只能碰觸或移動一個杯子，將排列方式變成空杯與水杯兩兩相鄰。

再多拿六個杯子過來，或許幫得上忙。（可不要在正準備煮晚餐的廚房裡做這件事。）將它們排列成最終答案預定的樣子。現在你看得出要動哪個杯子了嗎？

（提示：沒有人說倒水犯規。小心自己的心智盲罩吧。）

關於「吹紙屑」的問題解答如下：要
吹掉一個時，手心就握住其他四個。
接著握住三個，再吹一次，如此重複
下去。

柳橙汁和清水的問題

你可以在廚房流理臺做這道題目。只需準備兩個形狀、大小都相同的杯子，倒進杯子的液體分量也要相等。一杯裝清水，另一杯裝柳橙汁。（或是在水裡加一點食用色素來用。）

從柳橙汁杯子裡舀一匙柳橙汁，加到清水杯子裡，攪拌均勻。接著再從清水杯裡（其中已含柳橙汁）舀一匙，加進柳橙汁杯子裡，攪拌均勻。

再重複一次這個步驟。從柳橙汁杯子裡舀一匙，加到清水杯子裡，再從清水杯裡舀一匙，加進柳橙汁杯子裡。

現在問題來了。（不是啦，上面說的都不是問題，只是要讓你做好準備而已。）

清水杯子裡的柳橙汁跟柳橙汁杯子裡的水，哪一個的分量比較多？還是它們都一樣多？

說真的，這個問題確實複雜。不過，唯一的辦法就是從結果倒推回去思考。

*解答請見P112

西洋跳棋巡迴賽

再多練習一下反向思考吧。西洋跳棋巡迴賽的參賽選手共有六十四名，屬於單場淘汰賽制。只要有選手輸了，就會被淘汰出局。那麼請問，在最終冠軍出爐前，一共會比賽幾場？

先等一下，不要用加減乘除去算。請從結果倒推去想。既然最終只有一位贏家，那麼輸家有幾個人？每個人都只輸一場嗎？嗯……

*解答請見P108

兩個水壺

再來一題。假設你有兩個水壺，一個可裝五公升，另一個可裝三公升。你需要準確秤出四公升的水，請問你會怎麼做？

不要劈頭就開始倒水，你可能會徒勞無功。不過這可不是說你會浪費水喔。

試著預想你要的結果，然後倒推回去思考，要如何達成那個目的。

*解答請見P116

遇到難題來襲時，請想起反向思考這個方法，有時候問題立刻能迎刃而解。或是直行前進行不通時，反向思考也能讓你發現新契機。

發問為上策

有時候我們不發問，是因為怕自己顯得笨。比如坐在教室裡，卻搞不清楚老師在講些什麼，但其他人好像都聽得懂，你就不敢發問了。

這種時候，要是剛好有人問出你心裡的疑惑，頓時還真是鬆了一口氣啊。

但是，問題解決高手可不能瞎碰運氣，指望別人發問。

關於「面對面」的問題解答如下：任一門口皆可。將那張報紙一半鋪在門口外，另一半鋪在門內，並在兩人之間關上門。

來試試這個練習吧。這裡有一些超簡單的問題，幾乎都是眾人皆知的事情。因為太稀鬆平常了，大家連問都懶得問。不過你將會發現，對眾所周知的事情提出疑問並沒有那麼蠢。還可以多練習一下如何發問。

為什麼男、女襯衫上的鈕釦位置在不同邊？
為什麼大部分的椅子有四隻腳？
為什麼有那麼多小孩都喜歡打棒球？
為什麼大部分房間不是正方形就是長方形？

這麼做的目的不在獲得解答，而是練習問問題。試著拿同樣的問題去問不同的人，你會發現很有趣，竟然有那麼多不一樣的答案。

問問題是把事情弄個明白的好方法，如果能提問得當就更好了。下面的練習可以磨練你的提問技巧。

只有三題可問

這是一個「想像」的練習題。你是個電視節目主持人，有形形色色的人上你的節目接受訪問。你想要盡可能了解每個受訪者。但你的時間只夠問三個問題。請問你會針對以下這些人，各自提出哪三個問題？

一個跟你同年紀的雙胞胎小孩。

一位剛獲頒「年度模範教師」的老師。

一位剛贏得百萬獎金比賽的得主。

一位在去年贏得百萬獎金比賽的得主。

一位因腿骨折不得不停賽的知名運動員。

關於「乒乓球難題」的問題解答如下：把那個洞注滿水，乒乓球就會浮上來了。

有時候最重要的發問對象就是你自己。這裡有一些腦力激盪的發問練習，每個故事都像一個謎題。但它們都有合理的解釋。要解出這些題目，你必須問自己以下這些問題：

你對整個情況有什麼不了解的？
你對整個情況知道些什麼？
你還需要多知道些什麼？

淋濕的故事

有個人出去散步，遇到下起雨來。他沒有戴帽子也沒有帶傘，仍舊繼續走下去。他的衣服淋濕了，鞋子也濕了，但是頭髮卻沒濕。為什麼呢？

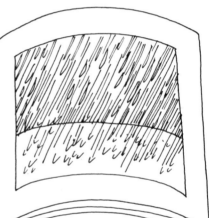

＊解答請見P114

乾巴巴的故事

有個女人打開方糖的包裝，把方糖放進她的咖啡裡。但是方糖卻沒有浸濕。怎麼會這樣呢？

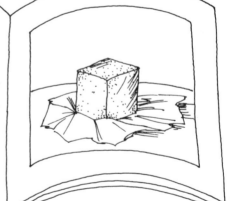

＊解答請見P121

下面的故事換別人做做看，選一個告訴他們。對方可以任意發問，但要遵守一個規則，就是那些提問你只能以「對」或「錯」來回應。你可以從別人所問的問題獲益良多。

奔跑的故事

有個人正跑向目的地。快到達的時候，他遇到了一個蒙面人。於是他停了下來，轉身往出發的方向跑。為什麼呢？

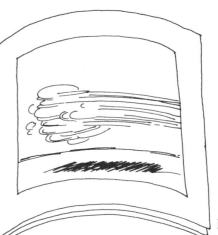

＊解答請見P119

神祕的故事

彼得、瑪莉、比爾和莎莉住在同一棟屋子裡。某天晚上，彼得和瑪莉出門去看電影，回到家的時候卻發現，莎莉被毆打致死倒在地板上。但是比爾並未遭到逮捕，也沒有因犯罪嫌疑受到任何盤問。為什麼呢？

＊解答請見P111

自由奔放地思考

有些時候，刻意去亂想也是個不錯的主意。不是行徑瘋狂，而是盡情狂想。你可以放任思緒恣意奔馳。試試以下這些奇思妙想的練習。

先來列一份清單。主題是：這個世界需要的東西。

看看你能想到多少可能性。

許多發明或許都是由此應運而生的。誰想得到會有一款水煮沸了、杯子卻不會燙手的爐具，或是可以四分鐘烤好馬鈴薯的烤箱？誰想得到會有一款巴掌大小的機器，可以替你做所有的計算？但是就有人想到了。這些點子當初看起來或許瘋狂，結果卻狂想成真了。又有多少科幻故事描寫的內容，如今竟然實現了呢？

如果你想用畫的，那麼請替以下問題畫出解決方案。

一部每天早上會自動幫你鋪床的機器。
一部能幫助你入睡的機器。
一部能採摘桃子的機器。
一部當你窩在床上看書覺得手很冷時，能夠幫忙翻書頁的機器。

放任腦子去胡思亂想，不妨就從下面的問題開始。每個問題只能選擇一個答案。沒有所謂的正確答案。好好思考自己為什麼做出這些選擇。

紅色跟棕色，哪個比較高？
一段路跟一袋蘋果，哪個比較重？
笑聲跟電視，哪個比較占地方？
g跟q，哪個比較有趣？

下次要是有人拍你的肩膀說：「你猜怎麼著？」你就讓他們大吃一驚吧。既然要猜，就好好給他大猜特猜嘍。

再來做些腦力激盪吧。要解決下面這些問題，恐怕只能靠自由狂想了。

接下來是……？

先做些簡單的讓你有個概念。這些題目後面要接什麼字母？

A, B, C, D, E, ___ , ___ , ___ , ……

A, B, A, C, A, D, A, ___ , ___ , ___ , ……

A, D, G, J, M, ___ , ___ , ___ , ……

有概念了嗎？現在困難的來了，但解法其實很合理喔。

O, T, T, F, F, ___ , ___ , ___ , ……

M, T, W, T, ___ , ___ , ___ , ……

J, F, M, A, M, ___ , ___ , ___ , ___ , ___ , ___ , ___ , ……

（提示：第一題的答案可以無止境連續下去。後面兩題則是填好空格就結束的類型。）

＊解答請見 P125

瘋狂排牙籤

用牙籤來解開這些題目吧。

請用「九」根牙籤排成「十」。

請用「六」根牙籤排成「0」。

請用「六」根和「五」根牙籤排成「九」。

請用牙籤把「十一」的一半變成「六」。

＊解答請見 P123

現在練習夠了嗎？要經常練習釋放自己的思考。看似跟問題毫無相干的事物，或許就是關鍵所在。冒個險，嘗試一下看似瘋狂的主意。就算不成功也無妨。

（那好歹都勝過你無聊地抱著頭呆坐啊。）

關於「西洋跳棋巡迴賽」的問題解答如下：
總共要比六十三場。

這件事好像似曾相識？

另一種問題解決途徑，則是找到跟你手上問題類似的問題。那可能是你曾經解決過的，或是你能夠更輕鬆解決的問題。無論哪一種，都能增進你的思考能力，得到有利的線索，推動你往正確方向前進。

在現實生活中，相同的問題常會一再發生。有時則會稍微偽裝地出現。如果你沒有從初次解決時學到經驗，就會不斷地重蹈覆轍，一輩子都擺脫不了。

首先，這裡有兩個類似之前練習題的問題。我們就來看看那些問題的解決方法，在這裡是否派得上用場。

紙火柴的問題

紙火柴掉落後，會平躺在地上。那麼你要怎麼做，才能丟下紙火柴後，讓它以側邊直立在地面上？

（提示：相關問題請見〈不要輕信先入為主的想法〉。）

家族真相

請說明這件事：某個男孩的祖父只比男孩的父親大六歲。

（提示：相關問題請見〈思考出差錯〉。）

關於「神祕的故事」的問題解答如下：
比爾是一隻貓。莎莉是一條魚。

這裡還有三個問題要解：

飛翔的金絲雀有重量嗎？

假設你有一個大瓶子，裡面裝了一隻金絲雀。瓶子封住蓋口，放到了磅秤上。金絲雀原本站在瓶子底部，這時卻開始在瓶子裡四處亂飛。請問磅秤上的數字會改變嗎？

這個情況不太好思考，而且不大可能實際做測試。因為把金絲雀關在密閉的瓶子裡不人道啊。

不妨用類似的問題來思考。假設裝滿水的瓶子裡有一條鯰魚，那麼當鯰魚停留在瓶底或是游來游去時，磅秤的讀數會不一樣嗎？

接著再來想想更棘手的問題：要是瓶口沒封住而是開放的，又會如何呢？要是金絲雀被關在籠子裡，而不是瓶子裡呢？

關於「柳橙汁和清水」的問題解答如下：最終結果是，柳橙汁跟清水在杯子裡的分量，跟最初開始時一樣，只是兩者稍微相混了。清水杯裡的柳橙汁取代了原本裡面的一些水。而那一部分的清水，現在則在柳橙汁杯子裡。因此這兩者在杯子裡所占的分量是一樣的。

瓶中船的問題

也許你曾經看過裝在瓶子裡的船。瓶頸非常窄,到底船是怎麼放進去的呢?

這裡提供一些可能有助益的情報。市面上可以買到內有成熟梨子的瓶裝產品。瓶中注入了糖漿、白蘭地之類的材料,而浸泡其中的梨會增添風味。那麼梨子是如何裝入瓶中的呢?跟瓶中船一樣,瓶頸太窄了,成熟梨子是塞不進去的。做法是這樣的:在剛結出梨子時,就把那根枝條接到瓶子裡。梨子就會在瓶子裡長大成熟。瓶子本身就像個迷你溫室。

現在回到船上面吧。它們不像梨子會長大,但一定要夠小才能順利穿過瓶頸。

3

浴室體重計的問題

這次要試著思考類似的問題,做出自己的預測,然後再實際做測試。

如果你站在浴室體重計上抬起單腳,會發生什麼事?體重計的數字會怎樣顯示?

假設你有兩個浴室體重計,兩隻腳分別站在兩個體重計上,會秤出怎樣的重量?要是把兩個體重計相疊後站上去,體重計會秤出多少重量?

假設你把一個體重計拿到電梯裡,在電梯升降時量體重會發生什麼事?撇開搭電梯的其他人會用奇怪眼光看著你不算。

不要忽略自己已知的事情。那可能是處理任何新問題時,最佳的初步線索。試著去回想類似的問題,很有可能會發現新問題其實並沒有那麼陌生。

關於「淋濕的故事」的問題解答如下:
那個男人是禿頭。

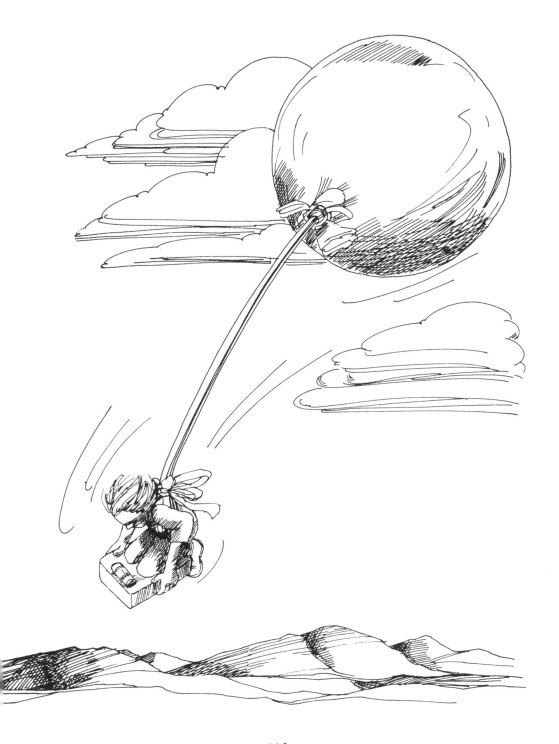

轉換成別人的觀點

俗話說：三個臭皮匠，勝過一個諸葛亮。但說不定有二十個臭皮匠更好。對於某些問題來說，聽取他人的意見能夠有所獲益，有助於你下定決心做出選擇，或是做出全新的抉擇。

這種時候，做意見調查就很有用。用這種方式可以得知別人有何想法。運用範圍很廣，從電視收視率到報紙專欄都會用上。

那麼現在，就來對煎蛋問題進行調查吧。

關於「兩個水壺」的問題解答如下：先將五公升的水壺裝滿，然後用壺裡的水把三公升的水壺裝滿。接著倒光三公升水壺的水。再把較大水壺裡剩下的二公升水，倒進三公升水壺裡。接著再度裝滿五公升水壺，往三公升水壺倒滿為止。原先三公升水壺裡已裝有二公升的水，現在只能再裝一公升。因此五公升水壺裡就會剩下四公升的水了。

想像有一個蛋白煎到全熟、中間包覆著黃澄澄鼓鼓蛋黃的煎蛋。
這整個玩意兒就擺在餐盤正中央。腦海中都有這幅想像圖了吧？
（要是沒有，就去重溫〈強化感官能力〉這個章節。）

現在問題來了。你要怎麼把這顆煎蛋吃進嘴裡，而不弄破蛋黃流
得滿盤子都是呢？

關於這一題，有些禁語不能說，比如：

「呃，糊糊的蛋黃好噁心。把蛋煮到全熟就好啦。」如果你只喜歡這種煎蛋方式，那就再多等一陣子吧。等你長大了，口味也會有所改變而覺得好吃喔。現在的話，就先專注在這個半熟蛋的問題上吧。

「不可能啦。蛋黃都嘛會流得滿盤子都是。」這種話也不能說。別忘了，本書裡沒有「不可能」這回事。
「只有一個辦法了，就是用麵包沾蛋黃吃。」這種話也不行。單向思考對你完全沒好處。
對於這個問題，你可以這樣說：
「對呀，這的確是個難題。我知道一種辦法，但應該還有更多方法才對。」
現在你開始在想了。這種時候就可以針對這個問題做調查了。

還有其他方法來吃這個煎蛋。

你可以把煎蛋放在一片麵包上，弄破蛋黃讓它流到蛋白上。溢出的部分會被麵包吸收，然後盡快把它吃掉。

也可以把蛋白切成小小片去沾蛋黃。不過要抓準時間才行。當你用完蛋白的時候，蛋黃應該也一滴不剩了。

或者先吃掉蛋白也可以，只留下整顆蛋黃。把叉子小心地滑到整個蛋黃底下，千萬別戳破了。然後把整顆蛋黃放進嘴裡，咬破它吞下去。

開始到處去問人吧。多吃幾顆蛋，測試各種不同的吃蛋方法。說不定這個問題還可以登上校刊，成為眾所關注的報導呢。

有許多問題更適合集思廣益來處理。對這類型的問題來說，做意見調查很有用。像是要怎樣做，才能戒掉咬指甲的習慣？或是要怎樣好好跟媽媽說，她才會答應你去朋友家過夜？

關於「奔跑的故事」的問題解答如下：
那是一場棒球比賽。奔跑的人在三壘位置，
蒙面人則是捕手。

不過當你需要幫忙時，不見得都找得到人。因此你得採取其他做法，就是學習用別人的角度去思考，而且那個別人可能是好幾個人。

這需要做點練習。也就是說，要認真思考別人是怎麼看待這個世界的。有點像在開拓你自己的思維見解。

請試做以下的練習。

有個女孩的狗跟著她去上學。校園裡禁止狗進入，但那隻狗卻坐在女孩的教室外面狂吠哀號。

其他學生都覺得很好玩，但老師可不這麼想。

女孩試著叫她的狗回家去。但小狗卻猛搖尾巴，只想舔女孩的臉。

最後老師告訴女孩，她必須打電話回家。而下一期的校刊就刊登了這件事。

試想一下如果你是那個女孩，會如何描述這件事？若換成你是老師呢？狗呢？或是校刊記者的話呢？

想像每個人物會有怎樣的表現。找一個朋友也如法炮製，然後比較你們的故事版本。

下次你在看故事或電視節目時，請試著做這個練習。嘗試去體會其他人的生活樣貌。下次當你跟人爭論而生氣時，不妨想想對方為什麼會這麼想。如果你夠勇敢，可以先喊停，彼此互換成對方的立場後，再繼續討論。你要把對方扮演得像一點，如此一來或許就能明白，為什麼大人有時候會有些奇怪的言行舉止。

關於「乾巴巴的故事」的問題解答如下：
那個女人是把方糖放進咖啡粉罐子裡。

路徑遊戲

這是練習用他人觀點來思考的另一種方法。這個遊戲需要兩個人來解題。

準備紙和鉛筆。要是你們有人可能會睜眼偷看，那就準備一條蒙眼布。負責追蹤的人不准看。

另一個人則遵循以下的指示：用鉛筆在紙上畫出一條路徑，要一氣呵成不斷線地畫完。路徑方向不限，線條可以交錯相交，簡單或複雜皆可。在起始處畫下箭頭符號，終點處畫×。接著讓蒙住眼睛的玩家拿鉛筆，把他的手帶到路徑箭頭處就定位。

問題如下：你要讓另一個玩家循你所畫的路線走。你可以給予任何指示，唯獨不能碰觸那枝鉛筆或對方的手。

重點是，這個遊戲起碼要玩個兩次，彼此互換角色試試看。這裡有幾點需要留意：

比較兩種路徑有何不同？（建議使用兩枝不同顏色的鉛筆。）
你遇到了什麼麻煩？
對方有聽明白你的指示嗎？
對方所給予的指示跟你給的一樣嗎？還是不一樣？
你可以想出截然不同的指示方法嗎？

好好想想你從這當中學到了什麼。除了找到其他的問題處理方式，還能看出不同人在想法上的差異。你所得到的相關線索越多，就越能夠在有所需要時，做出獨特的思考。這種技巧方便又好用。

關於「瘋狂排牙籤」的問題解答如下：

1. TEN　　2. ０

3. NINE　　4. ╳╁

先睡再說的枕頭對策

有些時候，我們也會被某些問題徹底難倒。腦袋裡毫無概念，連搞錯的想法都沒有。完全一片空白。

這時候你就需要一點靈感了，一個全新的角度，一些些希望。某樣東西！

像這種時候，最有用的或許就是你的枕頭了。先睡一覺，明天再說吧。不單單只是睡在枕頭上而已，也是把問題留待第二天再來解決。讓你的腦袋能夠好好想一想，考慮清楚了再說。

你可能會很驚訝地發現，答案竟然就在最奇特的時刻冒了出來。

現在你可能會想：這好像不算什麼處理問題的好方法耶。

確實，枕頭對策也有可能完全行不通。但世上本來就沒有掛保證的問題解決辦法啊。更何況光憑你自己，好像也想不出更好的方法了。

有些人還提供了其他的枕頭用法來解決問題，像是狂打枕頭、把枕頭丟到房間另一頭去。說不定你會靈光乍現，突然冒出正合自己所需的絕妙點子呢。

熊的故事

你有聽過關於熊的老問題嗎？有一隻熊往南走了一哩路，然後轉向，往東走了一哩路。接著又轉向，往北走了一哩路。牠就這樣回到了原來出發的地方。請問這隻熊是什麼顏色？

也許你需要睡上一晚再來回答。

關於「接下來是……？」的問題解答如下：
每個字母都是下面這些有連續性關聯單字的第一個字母：
One, Two, Three, Four, Five, Six, Seven,……（1、2、3、4、5、6、7……）
Monday, Tuesday, Wednesday, Thursday, Friday, Saturday, Sunday.（星期一、星期二、星期三、星期四、星期五、星期六、星期日）
January, February, March, April, May, June, July, August,……（一月、二月、三月、四月、五月、六月、七月、八月……）

怎樣才能確定自己沒做錯？

本書只是讓你有機會做練習。書中的問題並非你個人的問題，而是為了幫助你做好準備，面對可能在家中、學校或外面實際會碰到的問題。

在現實世界裡，問題通常不是單一性的，反而更像跟其他事物有所關聯，而且常常也沒有明確的解決之道。可能的答案或許有好幾個，而非僅此一個。

因此，你很難知道自己做得對不對。好好想想關於「思考」這件事，至少能幫助自己取得先機。

完結

還有，那隻熊是白色的（北極熊）。

Creative 138

思考練習題：
美國名校都在用的動腦題庫，突破我們的想像同溫層

作　　　者｜瑪瑞琳‧伯恩斯
繪　　　者｜瑪莎‧威斯頓
譯　　　者｜葉懿慧

出　版　者｜大田出版有限公司
　　　　　　台北市一〇四四五中山北路二段二十六巷二號二樓
　　　　　　E-mail｜titan3@ms22.hinet.net　http：//www.titan3.com.tw
　　　　　　編輯部專線｜(02) 2562-1383　傳真：(02) 2581-8761

總　編　輯｜莊培園
副總編輯｜蔡鳳儀
行銷企劃｜陳映璇／黃凱玉
行政編輯｜林珈羽
校　　　對｜黃薇霓／鄭秋燕

初　　　刷｜二〇一九年七月一日　定價：二五〇元
三　　　刷｜二〇二一年三月二十五日

總　經　銷｜知己圖書股份有限公司
台　　　北｜一〇六台北市大安區辛亥路一段三十號九樓
　　　　　　TEL：02-23672044／23672047　FAX：02-23635741
台　　　中｜四〇七台中市西屯區工業三十路一號一樓
　　　　　　TEL：04-23595819　FAX：04-23595493
E-mail｜service@morningstar.com.tw
網路書店｜http://www.morningstar.com.tw
讀者專線｜04-23595819 # 230
郵政劃撥｜15060393（知己圖書股份有限公司）
印　　　刷｜上好印刷股份有限公司

國際書碼｜978-986-179-562-1　CIP：176.4/108004410

① 立即送購書優惠券
② 抽獎小禮物
填回函雙重禮

國家圖書館出版品預行編目資料

思考練習題／瑪瑞琳‧伯恩斯著；葉懿慧
譯．
——初版——臺北市：大田，2019.07
面；公分 .——（Creative；138）

ISBN 978-986-179-562-1（平裝）

176.4　　　　　　　　　　　108004410

版權所有　翻印必究
如有破損或裝訂錯誤，請寄回本公司更換
法律顧問：陳思成